学校
学不到的
成长课

〔日〕株式会社旺文社 著
王新 译

• 小学生应该学会的事，这套漫画就能搞定！•

这样才能交到好朋友

SPM
南方出版传媒
新世纪出版社
·广州·

前言

考试得了一百分真开心呀！身边的人都表扬我。但是，长大以后要面临的问题，却比学校的考试复杂得多，有的时候正确答案不止一种，有的时候问题是没有正确答案的。

“生日礼物的话，我想收到鲜花！”“我想收到书！”谁的答案是正确的？他们的答案都是正确的。但是在某些情况下，他们的答案又都是错误的。

爬山的时候，同学扭伤了脚。紧要关头，自己是选择用指南针摸索着下山，寻找救援，还是在原地等待救援呢？哪个答案是正确的？正确答案随情况而定。总之，性命攸关的问题要慎重地做出决定！

在大人的世界里，每天都要面对这样的选择题。可以自信满满地解决问题，凭借的是聪明的头脑，对问题做出正确的判断。

本系列丛书，希望用漫画的方式，让小朋友们去理解自己和周围的世界。希望合上书本的时候，小朋友们能发现自己的进步，感受到思考带来的快乐。

本书的主题是“人际关系”。我们的很多烦恼都来自人与人之间的关系——沟通。有时候，不论你如何为对方着想，如何忍让，都处理不好和小伙伴之间的关系。那是因为你忽视了自己的感受。你要先接纳自己的感受，这样才能学会和别人相处。请喜欢你自己吧，这是喜欢别人的开始。

旺文社

目录

世界上的蝴蝶

即将登场的

一条辉

- 特长是拉小提琴
- 喜欢玫瑰花
- 对待女士和老年人很体贴
- 热爱时尚

酒井花

- 害羞
- 擅长画画
- 浪漫主义者
- 其实很好强

武藤刚介

- 班里的捣蛋鬼
- 喜欢民歌
- 笨手笨脚
- 其实很体贴

山本太志

- 贪吃
- 喜欢兔子
- 不太会说话
- 乐于助人

快乐星人

放松星人

愤怒星人

小伙伴们

木村健太

- 擅长踢足球
- 喜欢吃咖喱饭
- 经常忘写作业
- 喜欢有趣的事

竹内杏奈

- 特长是跳舞
- 梦想成为偶像歌手
- 能和所有人和睦相处
- 喜欢说话

真田诚

- 擅长的科目是数学
- 害怕的科目是体育
- 爱好观测天体
- 梦想成为天体物理学家

藤原弥生

- 喜欢通过冥想与宇宙交流
- 喜欢吃宽面
- 讨厌吃咖喱饭
- 热爱时尚

阿心

从心之星来到地球，
保护大家的心灵。

不安星人

期待星人

人物关系图

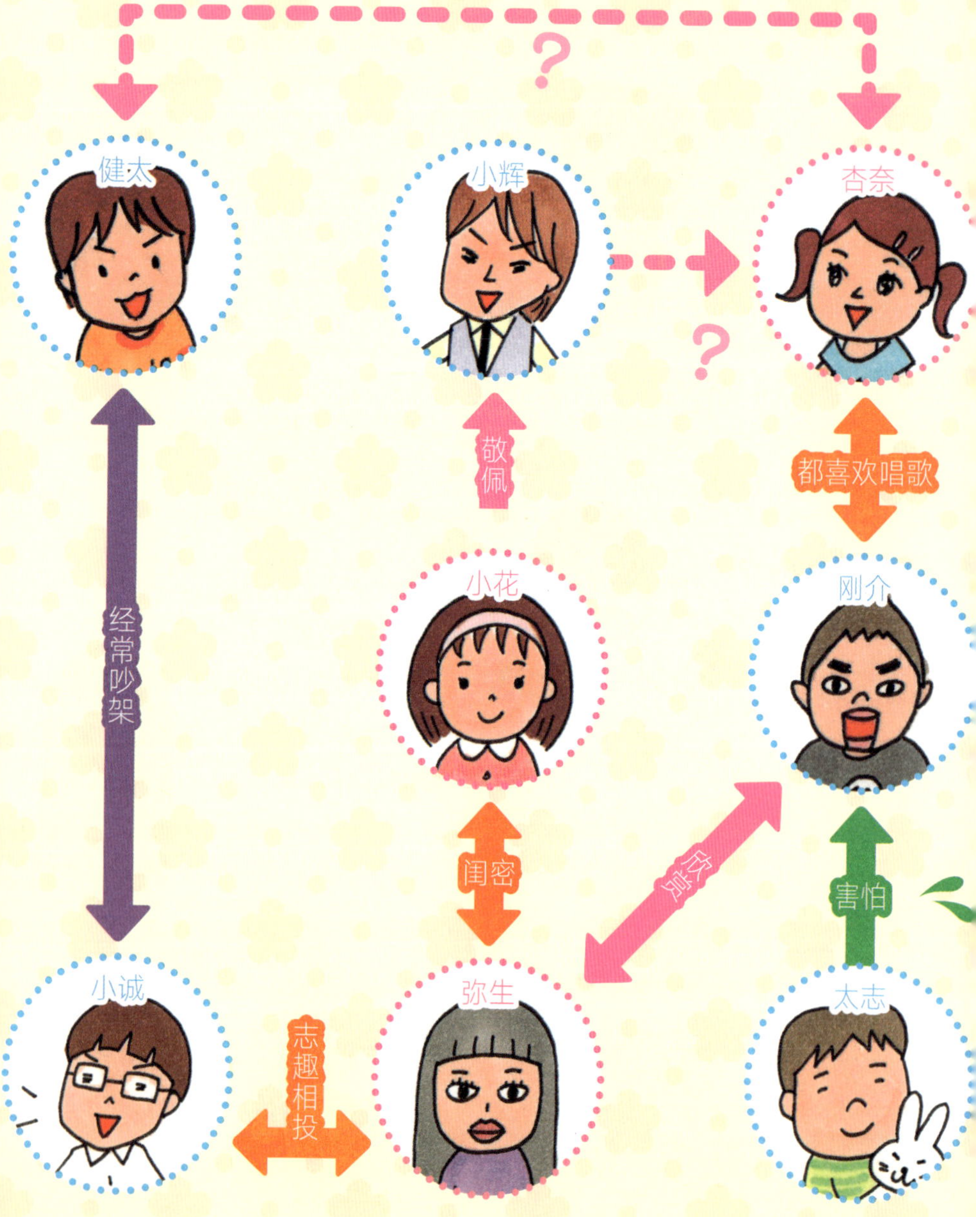

健太
小辉
杏奈
?
?
敬佩
都喜欢唱歌
经常吵架
小花
刚介
闺密
欣赏
害怕
小诚
弥生
太志
志趣相投

第1章

阿心有话对你讲

好好认识你自己

我是阿心。

我来自心之星，是来保护你的“心”的。

地球上的小伙伴们，你们每天都会感受各种情绪，比如高兴、愤怒、悲伤、惊恐等。

你真的懂自己的“心”吗？

也许你觉得：“那还用说，我当然懂我自己了！”

那你知道自己为什么会和好朋友吵架吗？

明明知道自己错了，为什么不肯对妈妈说“对不起”？

为什么有时候特别想上学，而有时候又不愿意去学校呢？

你好像很了解自己的“心”，但你的“心”也有很多你并不了解的地方。

接下来，让我们一起开始探索“心”的旅程，认识你自己吧！

你和别人不一样？这没问题

你喜欢吃咖喱饭吗？有些小朋友喜欢吃，但也有小朋友讨厌吃咖喱饭。

人和人是不一样的，大家都有各自喜欢的东西、讨厌的东西，还有各自的感受、想法……

地球上有很多小朋友觉得：

“我必须和别人一样。”

“我不能和大家不同。”

每个人都有自己特有的优点，为什么所有人要一样呢？

不要因为自己和别人不一样而感到不安，遇到和自己爱好、想法不同的小朋友，也不要武断地认为他是另类。

我是最棒的！

她没事吧……
嘻嘻！
神秘大百科
神秘大百科

失败的好处

每个人都讨厌失败。

大家都想在考试中取得好成绩，也都想在体育比赛中获胜。

可是，如果一直害怕失败，就什么都不敢尝试了。

最重要的不是避免失败，而是拥有一颗敢于不断挑战的心。

学校试题的答案不是“对”就是“错”，非常清楚。

不过，等你长大了，接触了各种各样的人，开始从事一项工作，就会发现，很多问题并没有正确答案。

这种时候，最关键的不是记住大量的知识，而是要有独立思考及解决问题的能力。

那些经历过许多失败，在失败中反复思考过的人，会在不知不觉中掌握这种能力。

爱护自己，才能爱护他人

通过观察大家的“心”，我发现了一个特点。

那就是你们更在意别人对自己的看法，而不在乎自己的“心”。不管小朋友还是大人都是这样。

把自己的感受放在一边，不停地迎合别人，你的“心”会怎样呢？

比如，为了让朋友高兴，去做原本自己不想做的事情。

错
我讨厌自己
错 错
错
我不相信自己
唉……
我没救了……

你觉不觉得自己在和另一个自己吵架？

这会让你开始讨厌自己。

阿心认为，这就是不爱护自己的表现。

不论什么时候，都应该尊重自己的感受。

这并不是任性或者自私。

学会爱护自己的“心”，才会像爱护自己的“心”一样爱护他人的“心”。

正确
我喜欢
我自己
正确
正确
我相信自己
我可以
做到！

世界需要心与心的交流

你的身边有些什么人呢？

家人，朋友，学校的老师、同学，还有补习班、兴趣班的小伙伴。

大家的生活里有各种各样的人。

长大以后，你会和更多的人打交道。

进入大学或参加工作以后，你还会和来自全国乃至全世界的人一起学习、工作。

说不定有些人的想法和你的完全不同，彼此之间会产生误会。

这种时候，就需要相互倾听，尽力理解对方。

生活在这个世界上，会遇到许许多多的人，心与心的交流非常重要。

首先，你必须向对方敞开心扉。

如果你的周围有小朋友显得很孤独，请拿出勇气，主动和他交流吧。

向着“心”的世界，出发！

接下来，就和阿心一起，在“心”的世界里探险吧。

人的心里，充满了不可思议的事情。

别人的心里在想什么呢？

我们读懂了“心”，就能和自己以及周围的小伙伴成为好朋友，那该有多好。

来吧，出发！

第2章

什么是“感受”？

各种各样的感受

嗨，这是给你的礼物！
开心
蔫了——
我不行了……

天气真好呀！
唧唧

感受是

大家
样的“感受
感受呢？

她没事吧……
嘻嘻！
神秘大百科
神秘大百科
忘记有考试了！
而且还是数学！
太简单了！

看不见的

心里会有各种各

你有过什么样的

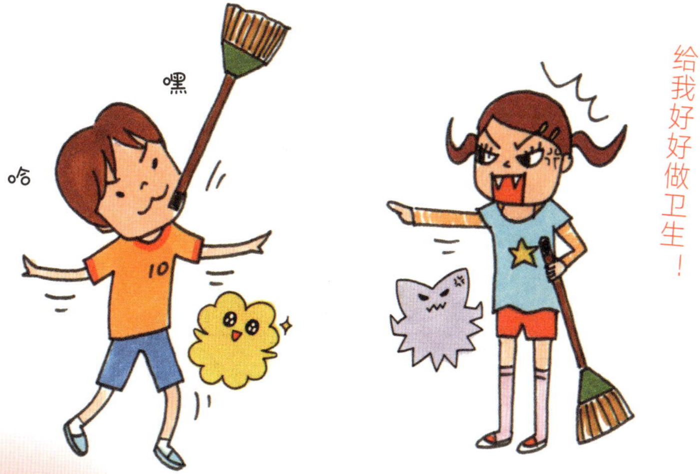
哈
嘿
给我好好做卫生！

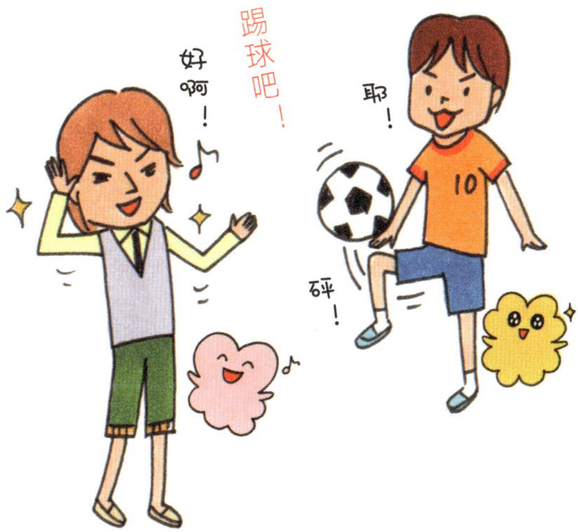
好啊！
踢球吧！
耶！
砰！

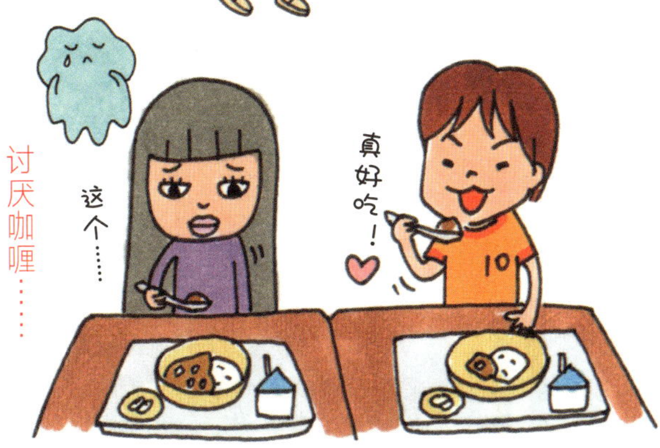
讨厌咖喱……
这个……
真好吃！

这种时候，你有什么样的感受？

明天运动会

我讨厌跑步，还不如在家看UFO图集。
雨天娃娃
马克笔
纸巾

数学考了 70 分

我必须是这个分数。
接受不了……
70分！
哦耶！

被小伙伴嘲笑

看不懂。
我花了好多功夫做的呢……
那是一坨什么？好恶心！
黏土

读自己的作文

发抖
发抖

“快去写作业！”

你准备玩到几点?!
看我不收拾你！
哈——
知道，知道啦。
啊！
怪物！
嗒嗒

吵架后和好了

我才佩服你呢，
球踢得真好。
哈哈哈哈！
你真聪明，
佩服。

我们每天都会遇到各种各样的事情，也会有各种各样的感受。

心里装着好多感受

嘿嘿！

小诚，
考得不错！

受到打击
怎么可以这样……
比起小辉，
我还是更喜欢健太！

失望　可怕

害羞　火冒三丈

干劲十足

难过　喜悦

愉快

不甘心　无聊

喜欢

麻烦

开心

痛苦

试着用这些词，去描述上一页那些情形下的感受吧。

我收集了很多关于感受的词。感受的种类可真多，你什么时候有这样的感受？

自信

羡慕

不安

太棒了

爽

难过

舒坦

愤怒

快乐

期待

讨厌

生气

忧虑

闷闷不乐

嘿！
哈！
哈哈！
3-1
3-1

怎么办……
忘记带运动服了……

喂！
那本书好看吗？
难懂吗？
请不要理我……

感受总是一样的吗？

太好了！食堂开饭了！今天吃什么呢？
丁零零——
闻
这个香味是……
咖喱饭哦！
我不客气啦！
一吃咖喱饭，脑海里就会出现一个跳舞的咖喱国王。吃咖喱真的幸福死了……
好吃的咖喱哟
嚓！
嘣嚓！
啊……
咖喱还有哦，有人要加吗？
我我我！！！
还有我！
加了四碗！
正在吃第五碗
好满足！
嗝！
你吃太多了……

放学后
肚子饿了……
再见!
肚子好胀,果然是吃多了,这几天都不想吃咖喱了。
我回来了!
这个香味!
闻
今晚吃咖喱哦。
你最喜欢的!
为什么偏偏今天吃咖喱!食堂发了菜单的,你好好看看啊,妈妈!
为什么……
咖喱国王睡着了吗?怎么不跳那支舞了……
呼
Z Z Z
欸?一碗就够了?
我吃好了。
嗯,饱了……
就算是经历相同的事情,当状态不同时,感受也会不同哦。
感受到底是什么?

放学后
一会儿在店里集合！
今天是限量版卡片发行的日子！
武藤！
你还没交作业，写完再走！
呃！
沙沙……
快来不及了！
终于写完了。
快啊！
赶到了！
卡片卖完了。
不过……
可惜
你来晚了！
谁叫你忘写作业的！
摇摇晃晃
啊——
快跑！
你说什么?!
怒
怒
怒
怒

我回来了。
那帮坏蛋，让他们给跑了！
刚介！书包一扔就跑了，老师没布置作业吗？
要你管！
你什么态度！
别挡路！
住手！
我的小仙女——
救命啊！
啊啊啊啊啊
滚开！
刚介！
哇——
“愤怒”像魔鬼一样控制了刚介，他应该怎么办才好呢？

这个家伙就是愤怒星人

愤怒星人

身高 0.2m—2m（根据怒火的大小变化）

体重 0.5kg—100kg（根据怒火的大小变化）

特　点	● 你生气、着急的时候，他就来了 ● 总是一副要爆炸的样子
特　长	● 让你越来越着急、愤怒 ● 让你失去思考的能力
口头禅	“我饶不了你！”“全都怪他！”
喜欢的食物	辣椒
弱　点	只要你冷静下来，说一句“算了，没事”，他的能量就会大减

第1

想象自己把“愤怒”赶跑了。

把他给打飞

GOSUKE
1
砰！
啊

用水浇灭

耶！
啊！

扔掉

再见！
嗖
嗖
呜呜……
橘子

第2

消灭愤怒的口诀

没什么大不了的！

做些开心的事吧！

生气也没用！

人总会遇到麻烦！

话剧排练
桃太郎
老伴儿，这个桃子看上去真好吃。
是啊，老伴儿。
一定很甜！
啊？嗯……
是啊，老板……
小花同学，声音再大一点！
啊！说错词了！
怎么办……
轰隆隆——
哈哈哈……
不是老板，是老伴儿哦。
噗！
没关系！
怎么办……

要是因为我一个人的问题，把整台话剧搞砸了怎么办……
看来我演不了这个……
心情低落
没关系的！第一遍不是说对了吗？
相信自己！
本来就胆小，为什么要来演话剧……这一定是个错误……我做不到……我害怕……
别那么想！
要是能换个不引人注目的角色也好……
这个角色我可不让哦……
啊？
“不安”像魔鬼一样控制了小花，她已经听不进去别人的鼓励，她该怎么办呢？

这个家伙就是不安星人

不安星人

身高	0.2m—0.6m（不安时会横着长）
体重	0.1kg—0.5kg（很轻，全身发冷）

特　　点	● 你感到不安、担忧时，他就出现了 ● 忍不住担心所有的事情
特　　长	● 让你更加不安和担忧 ● 夺走你的自信
口 头 禅	“完了……”“没有自信”“肯定不行”
讨厌的食物	冰激凌（吃了肚子疼）
弱　　点	只要你说“没问题”，他就会消失

第1

赶走“不安”的口诀

我可以！
一定没问题！
一定会顺利的！
深呼吸！

第2

挺胸，深呼吸

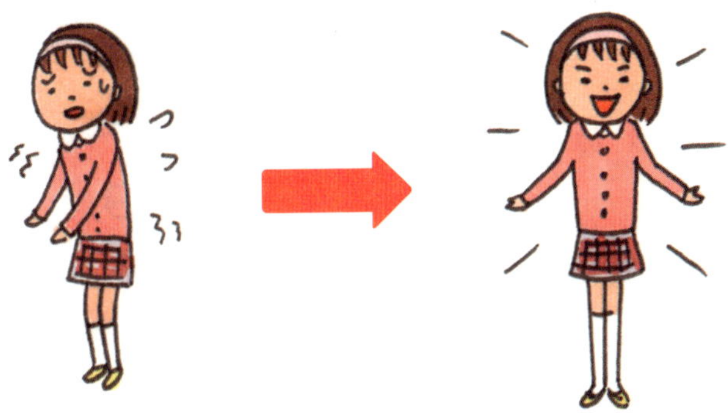

第3

多加练习

把桃子切开吧！
是啊，老伴儿。
喵——
老伴儿

感受大揭秘——期待

生日礼物是我一直想要的天文望远镜。
生日快乐！
生日快乐，小诚！
小诚
谢谢！
从那之后，我完全对宇宙着了迷！
课间休息时也在看关于宇宙的书。
我是外星人……
感觉那本书很有意思……
宇宙的奥秘真是让人期待！

为了观赏美丽的星空，一家人去露营。
请送三份法国大餐到露营地。
我更喜欢夏威夷大餐。
在天文台的观测活动中，我认识了爱好宇宙的朋友。
居然能看见我?!
帽子很棒啊！
你的也不错，是什么星云？
世界变得广阔了……
那颗星叫什么呢？
好
小诚，该睡觉了！
回家后查查今天看到的那颗星！
ZZZ…
睡不着的妈妈
期待……
期待……
因为充满期待，小诚特别快乐。你什么时候会充满期待呢？让我们来看看“期待”的秘密吧！

期待星人

身高	0.1m—无穷大（可以大得难以想象）
体重	0.1kg—0.2kg（轻飘飘的）

特　点	● 你做自己喜欢和高兴的事时，他就会来到你身边 ● 最迷人的是他闪亮的眼睛
特　长	● 善于发现快乐 ● 给你挑战新事物的勇气
口头禅	“好高兴！”“真有意思！”“试试吧！”
喜欢的人群	充满斗志
喜欢的事	挑战、冒险、研究

第1

多做自己喜欢的事情

组装模型
宇宙空间站

第2

尝试挑战新的事物

这家伙不得了……
真不错……
嘿！你好！哟！
小诚体验街舞
Dance

第3

向自己钦佩、尊敬的人学习

伽利略
加加林
说不定能发现令人期待的活法！

感受大揭秘——快乐

有好事发生在自己身上时

杏奈的作文在作文比赛上获奖了！
恭喜！
哇！
太好了！
啪啪

非常高兴

开心的时候

我要不要一起跳……
啦啦啦……

自然露出笑容

有好事发生在朋友身上时

被小花的笑容感染了
金奖
酒井花
祝贺！
谢谢！

为她感到高兴

因为喜悦，大家露出笑脸

并且，因为笑脸，我们会获得更多的快乐

啊，彩虹！
七彩光谱真美啊

快乐的心情会传递给周围的人。开心起来，给周围的人带来快乐吧！

变大！

这就是快乐星人

快乐星人

身高	0.5m—无穷大（因你的心情而变大或变小）
体重	0.1kg—0.2kg（很轻，能飞到任何地方）

特　点	● 你感到幸福时，他就会出现 ● 总是一副笑脸
特　长	● 让你感到幸福 ● 让你感到轻松 ● 善于发现“美好”
口头禅	“哇，好开心！”“真幸福！”“谢谢！”
喜欢的地方	能开心的地方
喜欢的事	大家都露出笑脸

第1 寻找身边的“美好”

这是新米做的，尽情地吃吧。
妈妈，今天的饭团超好吃！

哇，花开了！
我因为你的笑容而开放。

第2 做能让周围的人高兴的事

你的T恤真不错！
真的？
嘿嘿！

真舒服！
揉揉
真好！
我也……

第3 想象自己沉浸在幸福之中

生日快乐！
谢谢！

感受大揭秘——放松

汇报演出当天
扮演老奶奶
下一个节目是三年级一班的《桃太郎》。
啊——要开始了，好紧张。
我会不会搞错台词？会不会声音太小？
完全没信心！
扑通！
扑通！
你没事吧，小花？
我还是不行……
慌乱
慌乱
慌乱
慌乱
这声音是？
嗨！
你看上去很紧张啊。
扮演野鸡
小辉！
这是哪儿？

心都快跳出来了。你不紧张吗？
该做的都做了，接下来好好享受表演的过程就行了。
结果的话就等结束再想。现在只管向前冲，别考虑太多。
来吧！我们一起在灯光下闪亮登场吧！
嗯，好……
噌
还是不行！
啊——
甩开
小辉真是淡定而快活啊。要怎么做才能放松下来呢？

放松星人

身高 0.1m—无穷大（可以从很小变到很大）

体重 2kg—10kg（稳重）

特　点
- 你悠闲自在的时候，他就会出现
- 他和期待星人、快乐星人是好朋友

特　长
- 消除不安和紧张
- 让你心情放松

口头禅 “没问题”“休息一下”“放轻松”

喜欢的食物 乌冬面、巧克力、草莓甜点

喜欢的事 睡午觉、泡澡、按摩

第1

调整呼吸

1
呼
2
3

❶ 坐正，肩部放松，闭上双眼。

❷ 缓慢地从嘴里呼气。

❸ 气全部呼出后，用鼻子慢慢吸气。重复❷❸。

第2

做让自己感觉放松的事

做些自己觉得安心、轻松的事吧。
如果没有条件，可以试着在脑海里想象那个场景。

哈哈哈……
多吃点。
我不客气了！
太喜欢您做的馒头了。
Z Z Z

笑一个

面部练习

笑起来，心情也会很舒畅！放松脸上的肌肉，笑一笑吧！

口部练习

❶ 做出“我”的口型，保持 5 秒。

❷ 做出“衣”的口型，保持 5 秒。

❸ 重复❶❷多次。

眼部练习

按照上➡右➡下➡左的顺序转动眼球；反过来，按照上➡左➡下➡右再试试。

第3章 你是自己的朋友吗？

呜呜……
呜呜……
快擦擦眼泪！
不要紧的！
气死我了！
凭什么?!
太过分了！
怒
怒
好啦好啦！
歇口气，冷静一下。
嘻嘻！
今天的我
是最帅的！
啪啪！
啪啪！
啦啦啦……
微笑
微笑
哈哈哈……

如果想和别人做朋友

别人
自己
你叫什么名字？
喜欢玩什么？
住在哪儿？
我想了解！

如果想和自己做朋友

自己
自己
你喜欢什么？
这事你怎么看？
这种时候，你有什么感受？
你擅长什么？
我想了解！

要和别人做朋友，首先要了解对方。同样的，要和自己做朋友，也必须先了解自己。

你是什么样的人？

- 特长是跳舞
- 梦想成为偶像歌手
- 优点是能和所有人和睦相处
- 缺点是冒冒失失
- 喜欢和朋友聊天

- 特长是拉小提琴
- 喜欢的花是鲜红的玫瑰
- 最喜欢的词是“顺其自然”

- 最擅长学习
- 体育不好
- 崇拜霍金博士
- 梦想成为天体物理学家，解开宇宙的奥秘！

- 对不可思议的事情和恐怖故事感兴趣
- 爱好是寻找 UFO
- 喜欢的食物是宽面
- 讨厌咖喱
- 热爱时尚

写写你自己吧！

- 什么性格？
- 优点和缺点是什么？
- 特长是什么？
- 擅长什么？
- 喜欢的事物（食物、书、运动……）是什么？
- 兴趣是什么？
- 梦想是什么？

你所了解的自己

做事认真

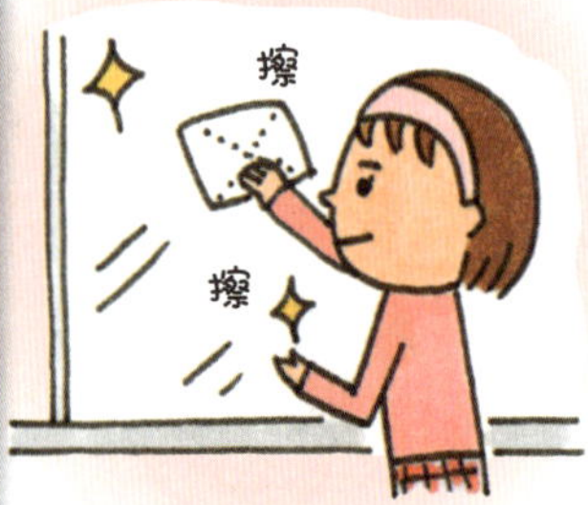
擦
擦

会弹钢琴

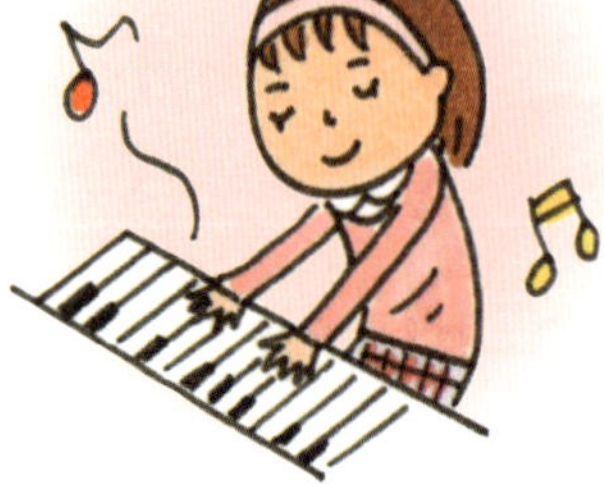

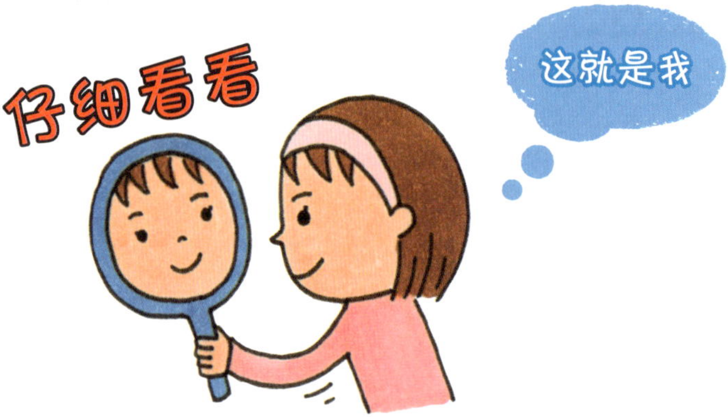
仔细看看
这就是我

其实…

喜欢画画

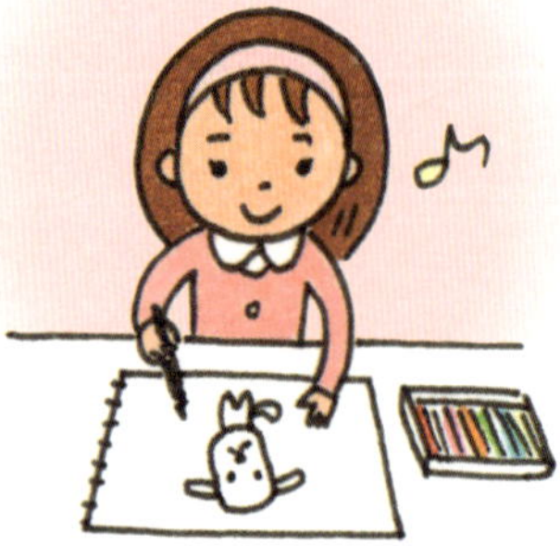

害羞

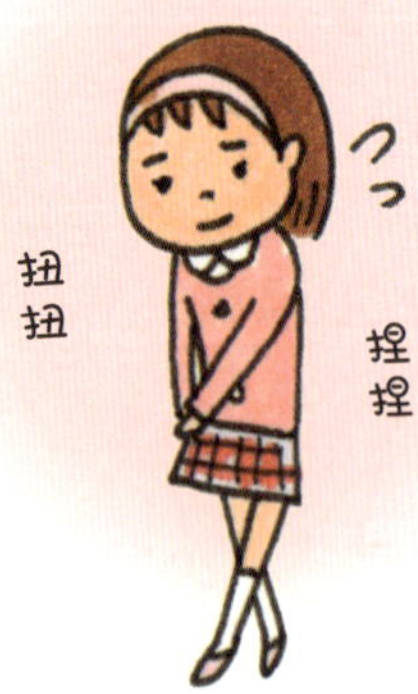
扭扭
捏捏

你还不了解的自己

浪漫主义

喜欢
不喜欢
喜欢

不服输

不会让你超过我的！

你好啊！
这也是我？

有勇气

啊—
轰

喜欢户外运动

每个人都有很多连自己都不知道的特点。和自己做朋友，你就能发现自己的另一面。

现在的你

学习是强项

特别喜欢宇宙

体育是弱项

怯场

讨厌吃青椒

喜欢待在家里

说不定未来的你是这样……

或许有了新的特长和才艺

DJ
Oh yeah!
MAKOTO
吱嘎!
小诚
吱嘎

曾经最不擅长的事
或许成了自己的强项

滔滔不绝
滔滔不绝
滔滔不绝

也许喜欢上曾讨厌的东西

我喜欢吃
青椒

也许有了来自世界各地的朋友

你好!!

随着经历的增加，人会成长，会发生变化。将来的你，可能是一个和现在完全不同的全新的你。

喜欢做手工

如果你有一双灵巧的手

你可能适合制造类的工作

乐于助人

如果你待人亲切，有爱心

你可能适合做照顾别人的工作

善于幻想

如果你善于写作或绘画

也许会有许多好的故事诞生于你的创作

爱好时尚

如果你喜欢美的事物

把大家变得更漂亮或许将成为你的工作

了解自己的爱好和特长，有助于将来选择工作。

喜欢每一个自己

音乐课
啊——！
把爷爷的假牙当成响板带来了！
开玩笑吧！
啊？
完了完了……
对不起，爷爷……
我的假牙呢？
总是出错，我真是笨笨笨笨死了！
讨厌你！
难过
哎呀——
等一下！
不要说自己的坏话，那会让你越来越讨厌自己。
你是谁？

我是未来的你。
与自己和睦相处，
犯错是正常的。
不要放在心上！
真的吗……
才能打起精神，继续前进。
不管是好的自己，还是不好的自己，
帮忙做了家务，得到了表扬。
我是个好孩子！
欺负了妹妹。
我是个坏孩子！
作文写得非常好。
我真棒！
又犯错了。
我真笨！
都是你的一部分，都要珍惜！
珍惜自己，和每一个自己做朋友吧！
喜欢每一个自己！

我想喜欢我自己，但是……

一二，一二，好，下一个动作！
亚希，跳得非常好！请给大家做个示范。
鼓掌
完美
好的！
亚希每次都被老师表扬，真好……
公告栏
寻狗启事
森村亚希
舞蹈大赛冠军
亚希好厉害。我预赛就被淘汰了……

小优身材真好，真是个美女。
舞也跳得好。
听说她想当演员！
我要拍电视剧啦！扮演组合雷里的三宫的妹妹！
试镜通过了。
我的天！你可以见到三宫?!
太厉害了！
羡慕死了！我最喜欢组合雷里的小武，第二就是三宫了。
居然可以和我最喜欢的偶像组合雷里的三宫一起拍戏……和大家比起来，我跳舞差劲，身材也不好，三宫肯定是看都不会看我一眼的……
我到底该怎么办？

虽然很努力，但就是没有自信……

新的舞蹈学得比亚希更快
好！
曲折的自信之山
登山口
哇哇……
在舞蹈大赛上输给了小优
光彩夺目
大家的舞跳得都比我好

太好了！
升入高级班
请多关照！
高级班的同学个个都很棒。
我果然没有天赋。
好厉害……
呜呜！

如果总和周围的人比较，不停地找自己的缺点，就会讨厌自己，无法拥有真正的自信。

培养自信之山
登山口
0m
咿咿呀呀……
杏奈4岁
喜欢在电视机前唱歌跳舞
唱得好！
真棒！
500m
开始上舞蹈学校
我是杏奈！
1000m
第一次登台，很紧张
吵吵
嚷嚷
心跳加速

对！
向朋友请教
复杂的动作
越来越
喜欢跳舞了
4000m
比富士山
还高呢！
3000m
2000m
和伙伴们一起参加舞蹈大赛

和之前的自己相比，会因掌握的技能越来越多而感到高兴。发现自己的点滴进步，在进步中成长，就会越来越有自信哦。

今天的足球赛，对方是我们的老对手，我们一定不能输。
加油！
哇
嘿！
进攻！
果断！
可恶！
就是进不了球。
就这样，双方零比零进入点球大战。
我要是踢飞了，我们就输了！
对手 O O O O O
我们 O O × O
上吧！
健太！
交给你了！

我要进球！
去吧！
交给我吧！
抱歉！
嗖——
输了……
胜败乃兵家常事。
别放在心上。
都是我的错……
踢得不错啊！
都是我的错……
下次我们一定能赢！
进攻打得很漂亮。
都是我的错……
今天吃烤肉哦。
总会有不走运的时候啦。
没精打采
虽然大家都劝我，但我还是特别不甘心。

失败是勇于挑战的证据

不挑战就不会有失败，失败是勇于挑战的证据。
给勇于挑战的自己鼓掌吧!

失败使人成长

失败后之所以不甘心，是因为觉得自己可以做得更好。
把懊恼的心情化作力量，让自己变得更强吧。

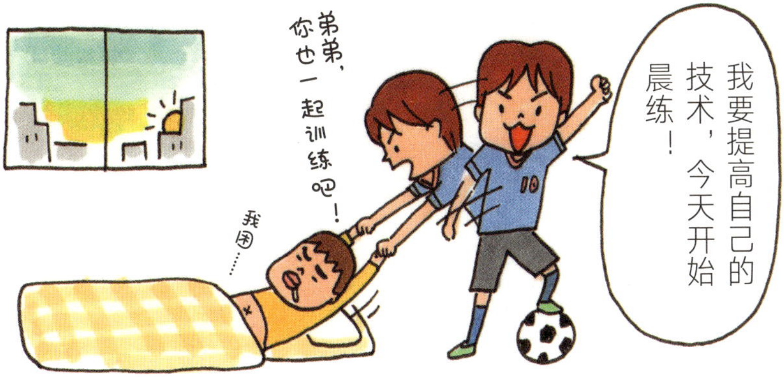
我要提高自己的技术，今天开始晨练！
弟弟，你也一起训练吧！
我困……

失败让人了解自己

思考失败的原因，能为你打开了解自己的大门。想想自己的性格，是不是容易急躁，容易紧张，还是有其他原因？应该怎么做才能克服这些问题？

有可能是因为太想赢才输的……下次比赛要像平时训练那样踢！
我知道了！
我想赢！
燃烧
我想赢！
燃烧
燃烧
燃烧
我想赢！

『和自己做朋友』攻略——我真没用

杏奈开朗活泼，总是被大家包围。
看了，看了！
看昨天的电视剧了吗？
我又内向，又不擅长和人聊天，真没用……
七嘴
八舌
插不上话……
又不像小诚那样学习成绩特别好。
没有啦。
厉害！
恭喜！
小诚在数学比赛中取得了第一名！
也不像弥生那样有个性。
早！
今天突然想穿和服……
和服？
自己一点儿用都没有……
小花，你怎么了？
好像正在消失……

认为自己没用？我从没这么想过。
怎么样才能像你一样自信？
很简单！
因为我有许多独特的魅力！
我就是我啊！
你也一样的，小花！
我，我也一样吗？
怦！
怦！
怦！
怦！
还是不行啊。
小花！
快来！
嗖——
嗖——
嗖——
我做不到……
我和你不一样……

觉得自己没用，才会进步

如果你清楚自己的弱点，把它改掉，不就进步了吗？

改掉害怕讲话的毛病！
好！
今年的目标
说话大声，有底气！

正视你对自己的偏见

你是不是总觉得“自己做什么都不行”“自己就是没用”？好好想想，这些想法是不是过于夸张？是不是能换一个说法？

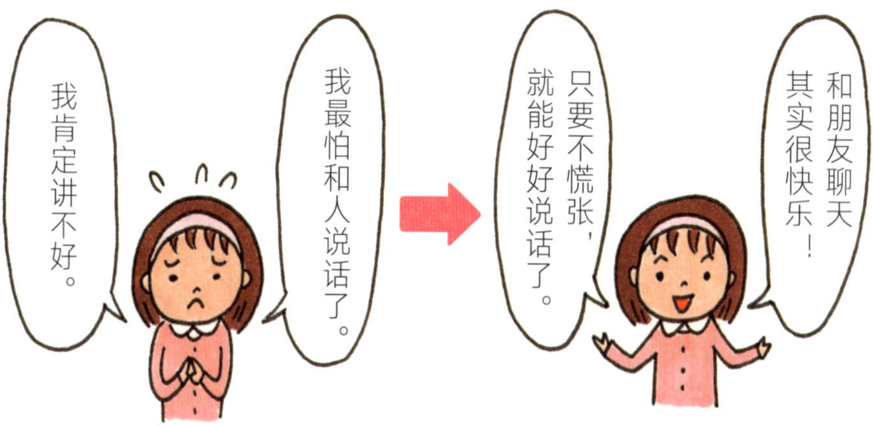
我肯定讲不好。
我最怕和人说话了。
只要不慌张，就能好好说话了。
和朋友聊天其实很快乐！

发挥自己的长处

人都有长处和短处。把精力放在自己擅长或喜欢的事物上，发挥自己的长处，就会越来越喜欢自己。

小花，你真棒！
努力地做一件事情，就会喜欢上自己。

学习别人的长处

如果觉得别人“好棒”，那就向他学习，把周围的人的长处变成自己的长处吧。

我是最棒的！
我要像小辉一样，经常表扬自己！

『和自己做朋友』攻略——我需要帮助

今天要去看望奶奶，你早点回来哦。
↑妈妈
现在就回家吧！
对啊，我忘了！
今天轮到 1 班照顾小兔子，拜托了！
值日生→
也不好麻烦别人……
一会儿来我家玩！
好啊
大家都很忙……
今天是满月，该冥想了。
只能先把吃的喂给它们……
啊——
对不起！我明天再来打扫卫生！
第二天早上
过分、
好臭！
脏死了！
对不起，我马上打扫！
啊！
快跑！
嗖—
嗖—

抓到了皮皮和跳跳，淘淘不见了。
不要
我要回到神秘王国去！
马上就要上课了！
早！
太志，怎么了？
怎么办啊？
那就好！
没，没什么……
都是自己的错，还是别说了。
与此同时，在校长办公室……
怎么回事?!
校长
兔子大闹校长办公室！
哼哼！
哐当！
全是兔子屎……

告诉别人你遇到了困难

有时候，别人看不出你遇到了困难。这种时候，你可以主动告诉别人。

兔子跑了，帮我一起找，好吗？
兔子可不好抓呀！
我来帮你！

你可以请别人帮忙

请别人帮忙并不是一件可耻的事，也不是一件坏事。认识到自己需要帮助，这一点非常重要。

今天我要去看望奶奶。你能不能帮我给小兔子们打扫房间？
没问题！

帮助别人是件快乐的事

能帮到别人，自己也会很开心。所以，需要的时候，请别人帮忙吧。

交给我吧！
能帮上忙，心里还挺开心的。
那就拜托小花了。我相信你会做得很好。

让自己成为一个能帮助别人的人

遇到困难的时候，如果别人主动问候，你心里应该会很高兴吧。所以，如果发现有人遇到困难，也主动问一声：“要帮忙吗？”

小诚，怎么了？
要帮忙吗？
去哪儿了？
我的眼镜……

『和自己做朋友』攻略——我累了

我是班委，要做全班的榜样。
完美汇总全班同学的意见！
4月的目标
那就决定了：『打起精神，微笑着向人问候。』
好！
打起精神……微笑……
卫生也做得比别人干净！
刺——
亮晶晶
主动帮助老师
老师，我帮您拿！
那谢谢了！
嘻嘻嘻！
另外，小心您身后……
今天也很完美。赶紧回家，还要去补习班！
在补习班学习
我懂了，原来是这样！

你看，妈妈，模拟考试我是全国第十名！
不愧是我家小诚！
真棒！
下一次争取拿全国第一！
以你的实力，目标必须定高一点！
……
哦……我努力吧……
不浪费一点时间，除了学习，还是学习！
自言自语
总觉得好累……
某补习班
这个月也要完美！
赞成！
5月的目标
发呆
『和外星人联系』，怎么样？
弥生……
小诚最近有点奇怪哦。

身体需要休息的信号

没有精神……什么都不想做……

这说明你的心灵和身体开始感到疲惫。这时候，应该休息休息，让身心放松一下吧。

Zzz
aoeiu……
真舒服！

幸福！

暖洋洋
嗖——
翼龙

不必追求完美

刻苦勤奋的你，也许想把所有事都做到完美，但请你告诉自己：“偶尔的不完美也是可以的！”

不用每次都考一百分。
班委也是人嘛……

跟自己的内心对话

努力是好事，但如果太勉强自己，就会很累。这时候，试着问问自己最真实的想法是什么。

补习班自然要好好上，但星期天我想做自己喜欢的事！
虽然五音不全，但就是喜欢唱歌！
啦啦啦……
咿呀！
那是?!

偶像组合
雷真帅！
我喜欢瞬！
我喜欢小武！
你买雷的写真集了吗？
当然买啦！
杏奈呢？
当，当然也买了！
撒谎
附送的卡片是雷组合里的谁？
我的是三宫。
嗯……我还没打开呢……
明天带来给我们瞧瞧！
怎么办？不小心撒了谎。这个月的零花钱已经用完了……
妈妈刚批评过我乱花钱……
又买些没用的东西！

妈妈，补习班老师推荐了一本参考书，我想买……
能不能给我些钱……
悠闲
参考书？
上补习班要用的？
那必须买啊。
书店
写真集
送卡片
买了……
回来啦？是什么样的参考书？
我看看！
吓一跳
是……放在补习班忘拿了……
轰隆隆
闪
呜—
睡不着……
好难受……
好压抑……
杏奈，你脸色好难看，没事吧？
嗯……
消瘦

谎言会越变越大

即便刚开始只是撒了一个小谎，但为了隐瞒这个谎言，你不得不撒别的谎……有时候，谎言就这样越变越大。如果你不小心撒了谎，请尽快坦白。那样，你的心里会好受很多。

我昨天说自己买了写真集，其实根本没有买。
对不起！
原来是这样。

不对自己的内心撒谎

就算周围的人没有发现你撒谎，但你的内心还是会痛苦的。因为你的心知道，自己做了不对的事。

妈妈，对不起。
给你买参考书的钱。
好好学习哦！
100
痛

想想自己为什么要撒谎

“想和别人一样，不想成为另类。”“如果不跟着大家说，就会冷场。”……想想自己撒谎的原因，下次遇到同样的情况，注意不要再撒谎了。

杏奈也买了写真集吗？
我没有买。下次能给我看看吗？

谎言并非都是坏的

比如，妈妈费了好大劲做了一道菜，但并不好吃的时候，你还是会说“好吃”。像这样为关心别人而撒的谎和为自己而撒的谎并不一样。

糟了，把梅干当成了草莓！
对不起！
好酸！不不，偶尔失手很正常。
这是全新的味道。

如果和自己吵架……

会说自己的坏话

难过
坏蛋 坏蛋！
竟然说谎，
我瞧不起自己！
讨厌！

自己远离自己

再见……
无精打采
啊……

否定自己

我讨厌我自己！
错 错
我不相信自己！
唉……我没救了……

正视自己，和自己和好吧

坦诚地面对自己

为什么要撒谎？
因为想顺着大家的话说。

和自己和好

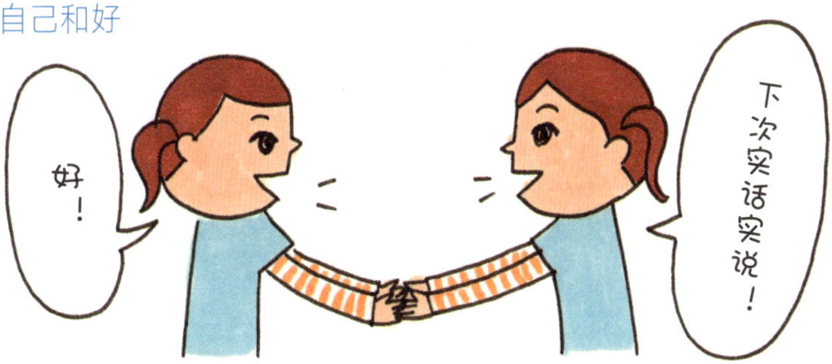

下次实话实说！
好！

肯定自己

对
我喜欢我自己。
对
我相信我自己。
对
我是个好孩子！

和自己和好，才能使自己保持良好的状态。做你自己最好的朋友吧！

心理测试①

问题 1 糟糕，不小心把杯子摔碎了！你会怎么做？

A 用胶水粘上

B 好好想想怎么办

C 很危险，要马上收拾

胶水
嗯……

问题 2 请你猜一猜推理剧的大结局，犯人最后会采取什么行动？

A 趁机逃跑

B 坦白自己的身世

C 发狂

你，你怎么知道？
吃惊
你就是犯人！

你是什么样的人？

问题 3 参加好友的生日聚会，你准备送一个吓唬人的青蛙盒子。你会选哪种颜色的青蛙？

A　绿色
B　红色
C　黑色

问题 4 你喜欢什么生物？为什么？

- 喜欢的生物 ____________________
- 喜欢的理由 ____________________

心理测试的答案在下一页！

心理测试①的答案

问题 1 吵了架，你会先道歉吗？

选 A：你会立刻道歉。你是老实、不爱与人发生争执的和平主义者。

选 B：如果觉得是自己不对，你会道歉。你是黑白分明的理性主义者。

选 C：你不会道歉。或许你有点固执？

问题 2 你的武器是它！

选 A：你的武器是行动力！即使是从没做过的事，你也会毫不犹豫地尝试。

选 B：你的武器是口才！你能通过谈话吸引别人，说服周围的人。

选 C：你的武器是热情！你一旦认定，不会回头，会用一颗炽热的心去追求理想。

问题 3 你的幽默度是多少？

选 A：幽默度 60%。你在意别人的感受，会顺着对方的话讲些有趣的事情。

选 B：幽默度 80%。你追求快乐，是聚会上最活跃的那个人！

选 C：幽默度 30%。你不喜欢热闹，有点像个大人。说不定你的冷笑话会让大家大吃一惊。

问题 4 你喜欢自己的什么？

喜欢这种生物的理由，就是你喜欢自己的地方。比如：

“我喜欢仓鼠，因为很可爱。”➡ 你喜欢自己的可爱。

“我喜欢狗，因为很聪明。”➡ 你喜欢自己的聪明。

第4章

周围的人是什么样的人?

刚介是

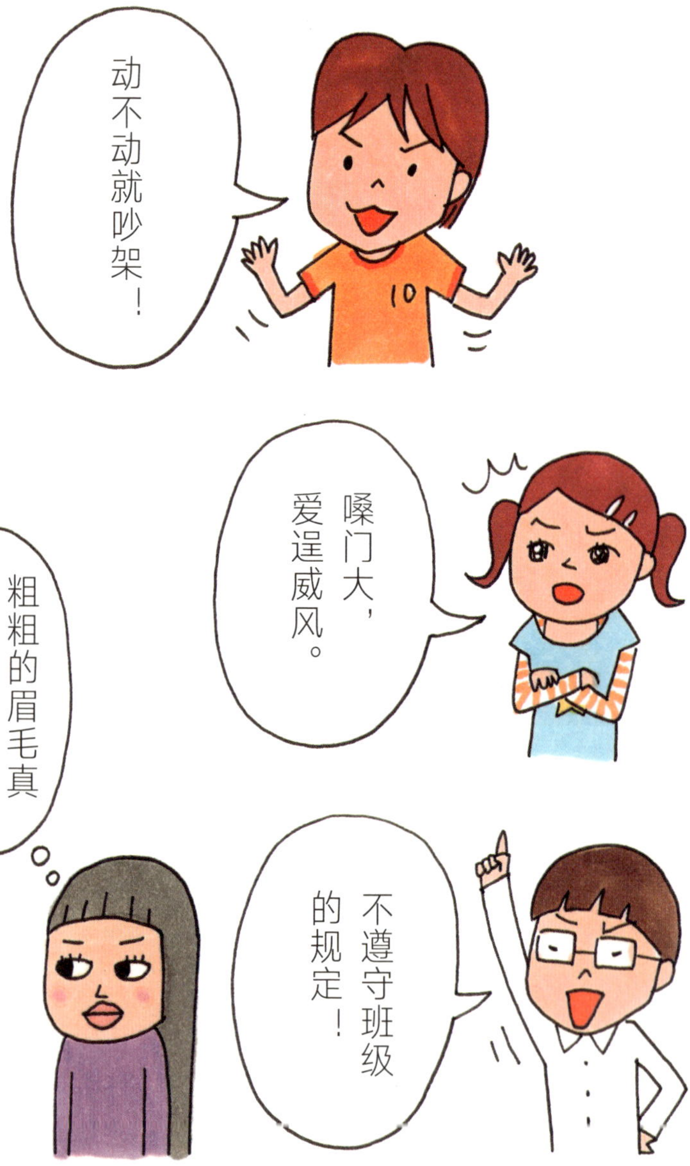
动不动就吵架！
嗓门大，爱逞威风。
粗粗的眉毛真好看……
不遵守班级的规定！

什么样的人？

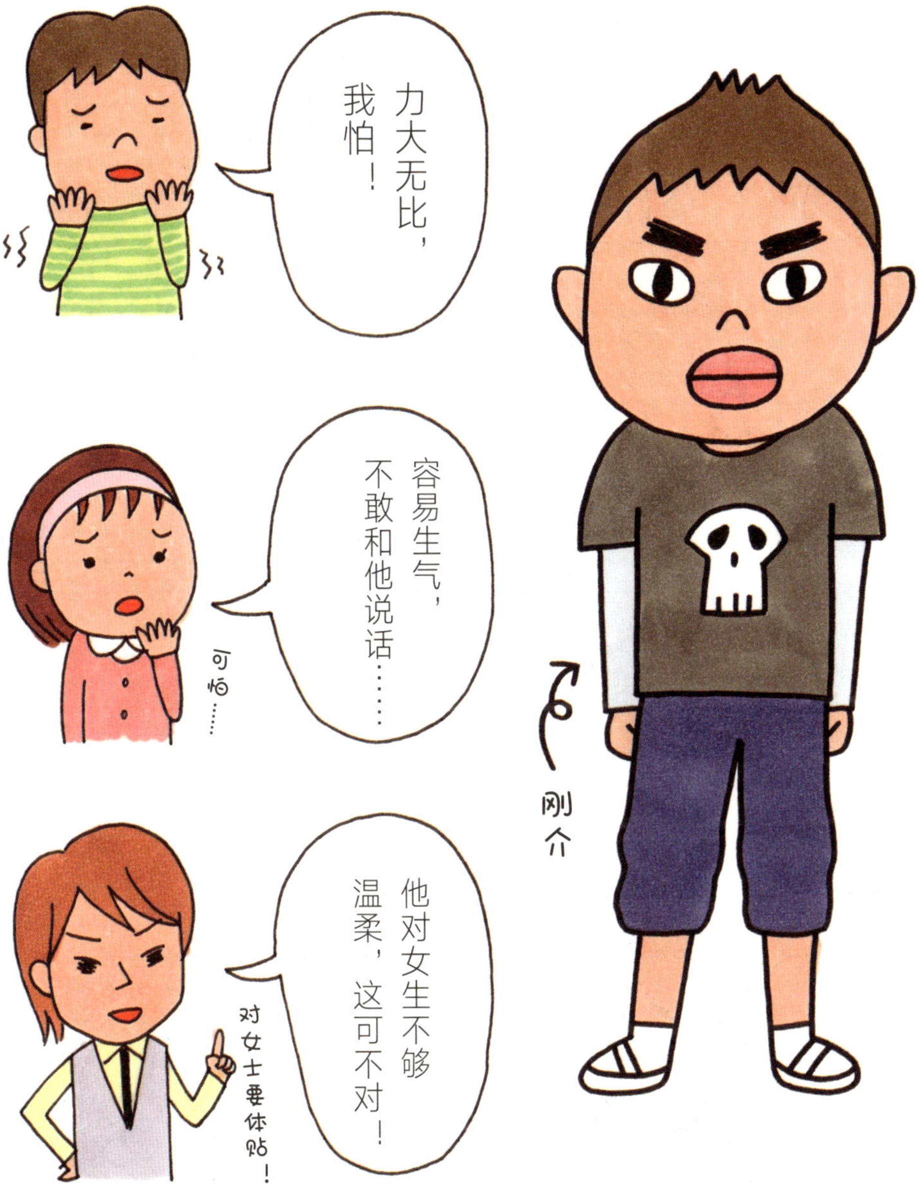

力大无比，我怕！
容易生气，不敢和他说话……
可怕……
他对女生不够温柔，这可不对！
对女士要体贴！
刚介

也许你并不完全了解你的朋友！

捣蛋鬼 武藤刚介
哇哈哈哈……
谁敢反抗我？
你在学山里的猴子？
什么？
刚介爆发了！
刚介真粗暴，讨厌！
快跑！
恐怖！
有一天
忘记给金鱼喂食。
金鱼『摆摆』死了……
把它安葬了吧。
摆摆
……
摆摆之墓
好了，回教室吧……
黑影飘来
摆摆之墓
呜呜！
摆摆，你怎么死了……
那不是？
武，武藤？
摆摆之墓
啊？
大哭

我，我才没哭！
嗖——
武藤哭了。原来他很喜欢摆摆……
有一天
啊，弟弟！
咚！
啊，武藤？
牙科诊所←
武藤……
杏奈不由自主躲起来
加油，站起来，我们去公园玩！
哇——
回家路上给你买好吃的！
勇敢一点，弟弟！
杏奈，你在干什么？
在学校逞威风，在家里却是个亲切的好哥哥。
原来人人都有别人不知道的一面。
杏奈非常感动
我喜欢哥哥！
嘿嘿！
我也喜欢！

不要因为某人不好相处或者只是不喜欢他，就轻易地把他划为“讨厌的人”，要看到他别的方面。

他老是找我麻烦，讨厌……

别闹！
橡皮炸弹！
嗖

但他其实是想和我做朋友？

想跟小花说说话……

虽然不喜欢别人多管闲事……

不用……
要不要我帮你？
弥生，拿得动吗？
神奇的蘑菇
姆大陆
推理小说

但她其实是个亲切、有爱心的人。

啊——
弥生！
弥生掉沟里了！大家快来啊！

他对谁都亲切友好。

奶奶，我带您去。
真是位绅士！
不好意思……

善于发现朋友的优点。

小诚，班级会议你主持得太棒了！
真的吗？

小提琴老师夸我有天赋！
哦——

虽然不喜欢他扬扬自得的样子……

不过，他的确是个很努力的家伙！

再来一次！
再强烈一点！
再优雅一点！
老师
very good!
My name is Akira.
学英语

朋友大调查

你的朋友都是什么样的人呢？通过观察，了解他们的各个方面吧！

变身成为大侦探，
调查朋友们的秘密！
发现之一
全身心投入自己喜欢的事上！
正努力提高球技呢！
发现之二
为他人着想，待人体贴！
难过
别放在心上！
正在给遭遇失败的朋友打气呢！

发现之三
给朋友们带来快乐！
哈哈哈哈！
你们这些孩子……
啊哈哈！
哈哈！
模仿校长
正在逗大家开心呢！
发现之四
别人提醒过的事，总是记不住。
又忘了?!
糟了，又忘了……
又因为忘写作业被批评呢！

老忘记别人提醒过的事，这一点确实不讨人喜欢。
为什么呢？
嗯……

你也找找朋友们的特点吧，一定会发现他们身上许多优点的。至于他们身上不招人喜欢的地方，你可以想想这是为什么，这样做也可以让你更了解自己哦。

我们不一样，但我们是朋友！

我

我和弥生不一样的地方太多了！

弥生

炸虾

喜欢的食物不同！

宽面

喜欢的书不同！

爱好不同！

性格
不同！

召唤UFO
仪式进行中
没事
干吗呢？
她怎么了？
太丢脸了……
弥生，大家都在看，我们快走吧……

你知道745星球上的外星人吗？
它们会用心灵感应操纵人类，然后……
真的？

弥生的脑子里充满了我不知道的事，
也许我是被这一点所吸引了吧？

晚霞好美啊！
真的好美！

我们相似的地方少，不同的地方多，但不知为什么，我俩就是合得来。
友谊真是奇妙啊！

如果班里的同学性格和想法完全一样……

对于汇报演出的节目，大家有什么想法？
我选话剧！
话剧好！
演话剧吧！
话剧不错！
那演哪部话剧呢？
桃太郎。
桃太郎。
桃太郎。
桃太郎。
不能都演小狗！
真的吗？
扭扭
捏捏
小花真可爱！
汪汪！
汪汪！
扮成狗也依然很帅。
我！

大家有各种各样的性格和想法，这才有意思！

今天的议题：关于汇报演出的节目
我可跳不动……
跳舞如何？
讨论中
话剧怎么样？
来大合唱吧！
让你们听听我优美的嗓音！
讨论中
我不敢上台……
不仅需要操纵木偶的人，还需要写剧本的，做美工的，大家一起来吧！
木偶剧呢？
讨论中
好啊！
小声
那正好可以发挥我的特长。

因为大家不一样，所以你会遇到很多和自己想法不同的人。而不同的想法相互碰撞，就会产生好的想法！

心理测试②

问题 **1** 在下列方框里各填入一个朋友的名字。

问题 **2** 美美是非常受欢迎的偶像歌手，但她也有烦恼。她的烦恼是？

A 太忙了，没法休息

B 其实并不想当明星

C 身边的人太冷漠

你和朋友的关系如何？

问题 3 你走在森林中，听到有动物在叫你，会是什么动物呢？

A 兔子
B 熊
C 猴子

问题 4 假如你要送给一个朋友礼物，你会用什么颜色的包装纸呢？

A 蓝色
B 橙色
C 粉红色

心理测试的答案在下一页！

心理测试②的答案

问题 1 你的人际关系怎么样？

填入上方框的人：你害怕和他相处。
填入下方框的人：你想开他的玩笑。
填入右方框的人：你想和他一起开心地玩耍。
填入左方框的人：你和他在一起很放松。

问题 2 你受朋友欢迎的程度是多少？

选 A：受欢迎程度 90%！你非常愿意帮助别人，受到大家的喜欢。

选 B：受欢迎程度 60%！你有点怕生，但在关系要好的朋友中间，你很受欢迎。

选 C：受欢迎程度 30%！你有点我行我素，试着多倾听，你或许会更受欢迎。

问题 3 你在班里是什么角色？

选 A：班里的活跃分子。你开朗活泼，善于调动大家的情绪。

选 B：大家调侃的对象。你无意中的言谈举止常常引来大家调侃，博得朋友们开心一笑。

选 C：努力认真的同学。你不管做什么事都很认真，你是大家信赖的班委类型。

问题 4 对你而言，那个朋友是什么样的人？

选 A：那个朋友是值得尊敬的人！他能带领你走向正确的方向。

选 B：那个朋友是鼓励你、保护你的人。他总是帮助你，给予你力量。

选 C：那个朋友和你心心相通，你们无话不谈。

第5章

表达彼此的感受

你会认真听朋友说话吗？

在健太家玩游戏
又输了……
耶！
赢了！赢了！
健太……
其实，我有事要跟你讲……
嗯，什么？再来一局！
你听我说……
太好了！得到一件装备！
喂，你在听我说话吗？健太！
啊！《妖怪乐园》开始了！
算了，我回家了……
脚步沉重
啊？这么早就走了？
妖怪乐园
一起看电视啊！

课间休息
前段时间舞蹈大赛的照片出来了！
你看怎么样？
给你！
我们得了第二名！服装也很棒吧！
嗯……
这个服装真有意思，像小怪物！
厉害吧？
这是什么?!
我的天！
我对舞蹈不感兴趣。
还是足球有意思……
喂，今年万圣节把怪物服借我。
生气
算了！
再也不想理你了！
怎么就生气了？

你听别人说话时，有这样的毛病吗？

要了解对方的感受，必须认真听对方讲话。如果别人对你讲话时，你像健太这样，别人会怎么想？

心思在别的事上

昨天晚上我看到流星了。
哦，然后呢？
你根本没听我说话！

慌慌张张

啊！
对对，吃拉面一定要吃猪骨拉面。
你赶时间吗？
我哪有说拉面的事……

没表情，没反应

今天中午吃什么？
发呆
我不知道……
我说了这么多，你怎么想？

打断对方说话

话说，前几天那场球赛……
哦，原来是那样。
我的话还没讲完呢！

过早下结论

你是想说你喜欢酱油拉面吧？
我知道了！
不是的！你把我的话听完！

否定对方的想法

那你可就错了！
我告诉你……
我只是想说出自己的感受……

昨天我惹妈妈生气了……
虽然知道是自己不对，还是顶了嘴……
我能理解，有时候控制不住自己。
兔子也有自己的个性。皮皮喜欢撒娇，淘淘特别淘气，跳跳……
真的吗？
真有意思啊。
给你讲讲足球赛上我进的那一球！
我先是带球……
嗯嗯！
嗯嗯！

大家的意见不统一，真是头疼。
班委可真不好当啊。
你知道姆大陆的古代文明为什么消失吗？
想知道吗？你一定想知道，我来告诉你吧。
为什么消失了呢？
为什么每次和小花聊天，
心情都特别舒畅呢？

小花的“五字”

小提琴大赛的时候，
大家都看着我。
真的很紧张。
注视
嗯！

看 一边听，
一边看着对方的脸。

听 仔细听
对方说的话！

那颗星球的外星人，
能变成人类的模样。
变身
变身
原来如此！

伽利略是意大利物理学家，
也是天文学家、哲学家……
嗯嗯！
了不起！

点 点头
或接话回应。

倾听秘诀

小花喜欢谁？
我喜欢最右边那位。
三宫真帅！

笑 笑着听对方讲话。

完 不要中途打断别人说话，把对方的话听完。

伽利略是第一个使用望远镜观测天体的人……
当时，日心说……
嗯嗯！
哇哦——

听别人讲话时，要通过表情、眼神、姿势等各种方式，让对方感受到，你正在认真听他讲话！

弥生，你在做什么？
坐着睡觉？
冥想
冥……冥想？
闭目……
静心……
那然后呢？
啊啊啊啊啊
弥生？
感到和宇宙融为一体！

那……那会很开心吗？
嗯。
你也试试吗？
迷迷糊糊
咚！
呼——
你！
怎么样？开心吗？

通过提问，进一步了解对方的感受

如果想进一步了解对方的感受和想法，向他提问吧。

提问
冥想的时候，有什么样的感受？
了解具体的感受
心里一下就安静了。

进一步提问
你为什么要冥想呢？
深入了解对方的感受
我想看见UFO！
冥想可以提高我的直觉！

那些不能用“是”和“不是”回答的问题，更有助于问出对方的感受和想法。

用“是”和“不是”就能回答的问题

不爱说话的弥生，回答只有“嗯”一个字。

冥想开心吗？
嗯。

不能用“是”和“不是”回答的问题

弥生可以回答出很多内容。上一页的问题就属于这类。试着问对方“为什么”“你怎么想？”这种问题吧。

冥想开心的地方在哪里？
感觉脑子被清空了，另外……
滔滔
不绝

表达自己的感受

今天和健太一起坐城际列车去科学馆看天象仪！
我出发了！
去吧。
离火车站还有五分钟路程，可以提前十分钟到达集合地点。
好！
按计划到达！
健太怎么还不来……
下一班
9:00出发
前往科学馆
他怎么了？不会出什么事吧？
遇到麻烦了？
早啊！
这么晚了……

快！赶紧上车！
不好意思，因为……
IC卡
啊！
我还没买票。
久等了！
终于来了！
怎么这么晚！
你没事吧？
什么？
玩游戏，睡懒觉?!
昨天玩游戏玩太晚，睡了个懒觉……
哐啷！
哐啷！
哈！
赶，赶上了……
平时缺少运动
害我担心了半天！
中午吃汉堡包吧。
怒
怒
怒
飞快
飞快
我通关了，厉害吧？
难以置信！
怒
怒

你有什么样的感受？

朋友迟到了，你有什么样的感受？

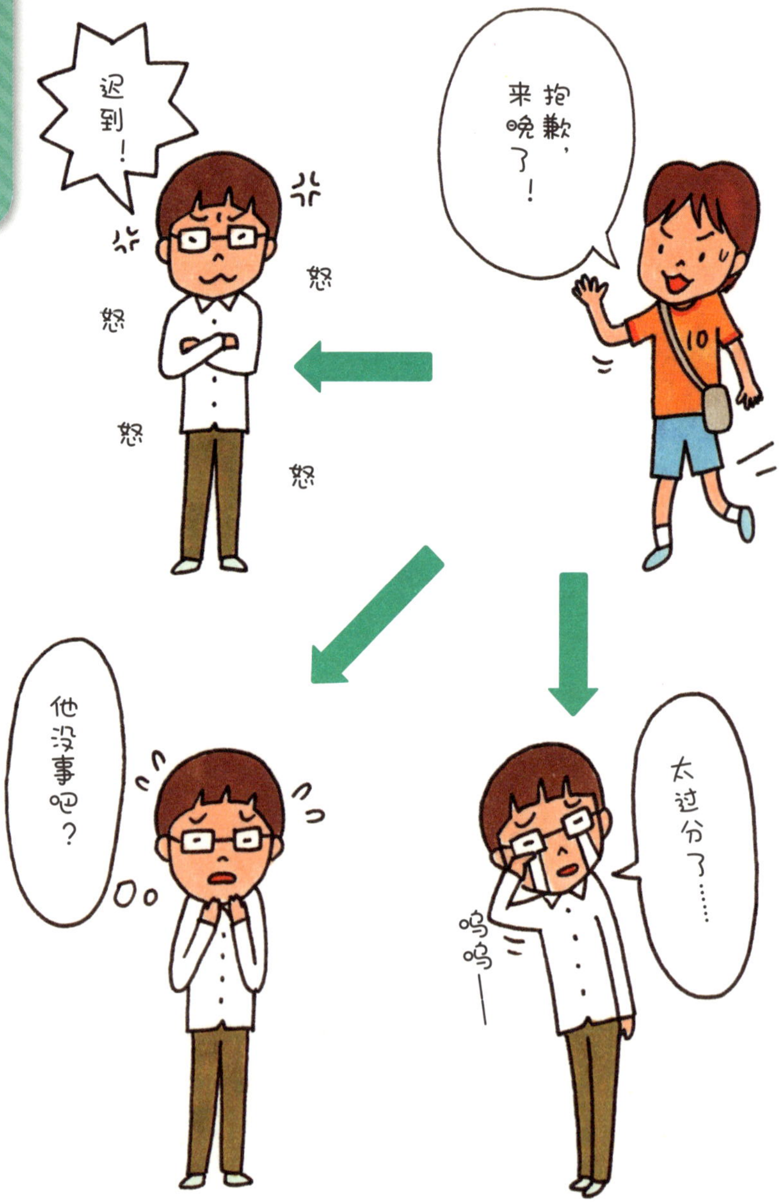
抱歉，来晚了！
迟到！
怒
怒
怒
怒
他没事吧？
太过分了……
呜呜——

为什么有这样的感受？

想要了解清楚自己的感受，就问自己“为什么”，然后写下来。

小诚开始自恋了？
和小辉一样了吗？
我为什么那样生气呢……
为什么？小诚！

试着对着镜子和自己说话。

我的感受
差点没赶上火车，着急死了！
还以为他出了事，担心了半天。
约好第二天早上赶火车，竟然熬夜玩游戏，太过分了！
明明迟到了，却不反省，让人生气。
嗯——

试着把自己的
感受写下来……

想想怎样表达自己的感受

A
为什么要迟到？我等了足足15分钟！
都怪健太，差点没赶上火车，健太是个坏蛋！
呜呜……为什么？为什么？怎么回事啊！呜呜……

B
希望你要守时哦。
我好担心，怕你出事了。
差点没赶上火车，我着急死了。

健太会有什么反应？

Ⓐ如果像 A 那样一个劲儿地责怪对方，说对方不好，对方也会发火，反而听不进去你的话。

是你定的出发时间太早了！
什么？

Ⓑ如果像 B 那样，冷静下来，告诉对方自己的感受，向对方提出建议，对方就会好好接受你的意见。

我下次注意。
对不起……

生气时说话，往往会引发争吵。请冷静下来，向对方提出自己的希望吧。

嘴笨
我是太志！
“我不是那个意思”
今天吃炸肉丸。
我忘记买肉了，能帮妈妈跑一趟吗？
太好了！炸肉丸！
我去！我去！
喂！
太志——
炸肉丸！
刚好碰到你！
我要去小辉家玩，你也一起吗？
啊，健太！
我现在要去帮妈妈买肉……
因为今天吃炸肉丸。
好的，那下次吧，再见！
拜拜！
啊——
我其实想买完再去……

嘴笨
我是太志！
"我讲不清楚"
班会
下面请太志发表意见。
啊？
这个……
请再大声一点！
好！这个……其实……不是……有可能……我是说……如果……
着急 着急 着急
所以……
你到底想说什么？
到底……
我想说什么来着？
我忘了……
表达自己的意思，真的好难……
为什么你的感受，不需要说话我就能懂……
少啰嗦，胡萝卜给我！

小诚的“五字”

我读过这本书！
外星人降临！
是吗？

看 看着对方的脸说话。

喂！火星人！
注：再大声火星人也听不见。火星人是否存在尚不清楚。

听 大声说，让对方能听清。

啊——
吃葡萄不吐葡萄皮，不吃葡萄倒吐葡萄皮。

大 张大嘴，一字一句说清楚。

说话秘诀

不要着急，让我先稳定一下情绪。
真啰嗦！

不 不要慌张，慢慢讲。

礼 说话要有礼貌。

你好！初次见面，我是小诚，请多关照。
请多关照！
快进来啊！

不管是对一个人说话，还是在大家面前说话，都要多下功夫哦。

这种时候怎么说？——想请人帮忙

班报的内容不够，怎么办……
要是有什么新内容线索就好了……
我放弃了！谁来帮帮我啊！
啊，弥生，你来得正好！
发呆——
你能在班报上写点什么吗？
弥生
反正你也没事，我马上要去补习班，没空写。
憋火
……
啊——
为什么？
虽然有空……
我拒绝！

请人帮忙前，先从对方的角度考虑问题

先向对方讲明自己遇到的困难，再告诉对方：“如果你能……就帮大忙了。”“如果你能帮我做这个就太棒了。”

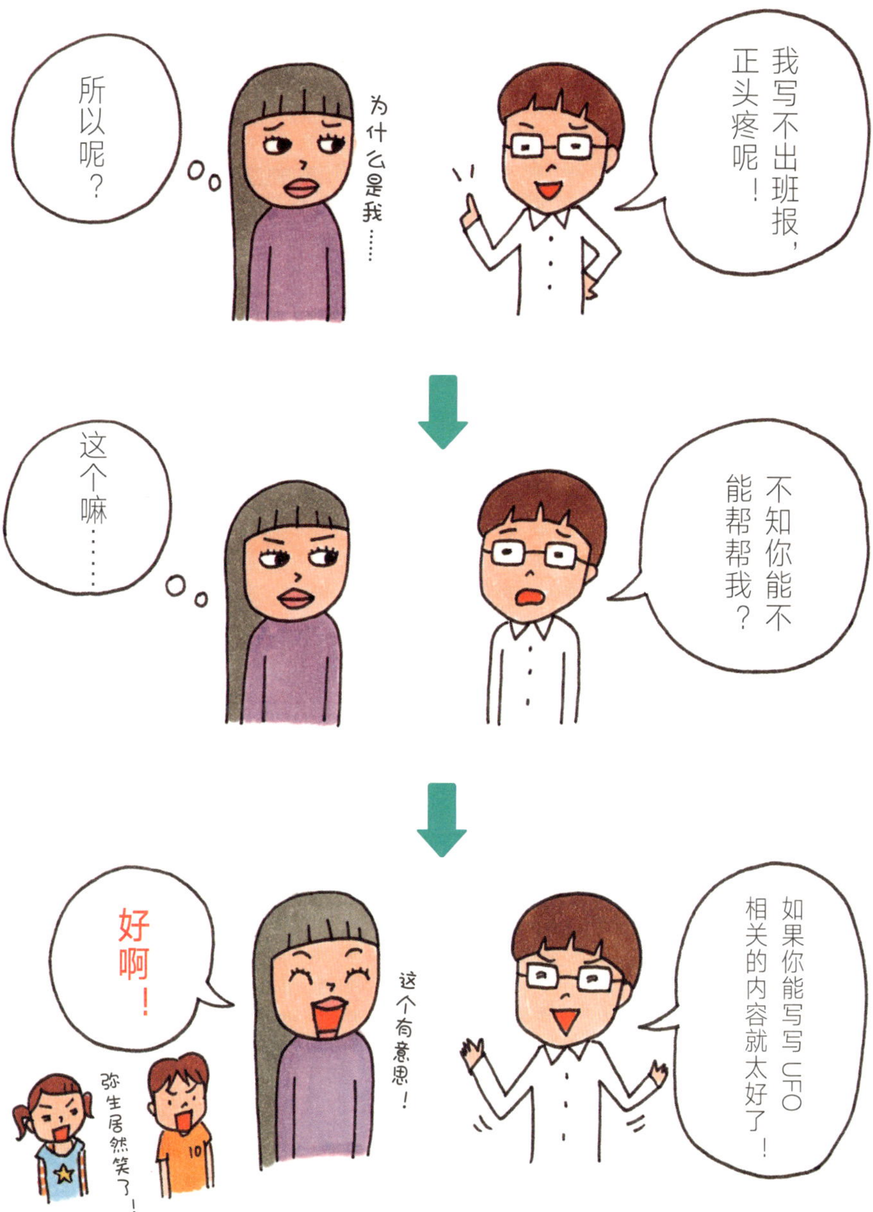
我写不出班报，正头疼呢！
为什么是我……
所以呢？
不知你能不能帮帮我？
这个嘛……
如果你能写写UFO相关的内容就太好了！
这个有意思！
好啊！
弥生居然笑了！

这种时候怎么说？——想找人聊聊

雷的写真集不见了！
没有！
喵？
啊！
啊！啊！
刺啦——
弟弟
弟弟在撕写真集！
妈妈，弟弟把我的写真集撕坏了！
都怪你自己看完不收起来，还能怪谁？
第二天
妈妈老是护着弟弟……那可是我最宝贵的写真集……
唉……
看
唉……
看
唉……
就没人来关心我，问问我吗？
哇——

告诉别人，你想找人聊聊

烦心的事也好，开心的事也罢，人总有想找人聊聊的时候。不要等着别人注意到你的需求，请主动告诉别人吧。

谁能听我说会儿话？
怎么了？
呃！刚介！
唉……
昨天，我的宝贝写真集被弟弟撕坏了。
这种时候，刚介就刚介吧！
嗯

记得谢谢陪你聊天的人

只要找到人倾听你的想法，你一定可以冷静放松下来的。别忘了对那个倾诉对象说句谢谢哦。

而且撕的是我最喜欢的小武那页！可是妈妈老偏袒弟弟！
我也有弟弟和妹妹，我明白。
当妈的就是这样！
谢谢你听我讲这些。说出来我舒服多了！作为感谢，我把雷的 CD 借你吧！
呃……那倒不用……

这种时候怎么说？——两人意见不合

雷的歌可好听了，你听听试试。
我才看不上那种肤浅的音乐！
男人，当然要听民歌！
啊——
啊？那个不是中年大叔喜欢的吗？
你说什么？
雷那种没内涵的歌算什么音乐！
就是就是！
果然和刚介聊不来！
哼！
跟杏奈就是没法沟通！

先认真听听对方的想法

不要过早断言对方一定是错的，先听听对方那样想的原因是什么，说不定有意外的发现哦。

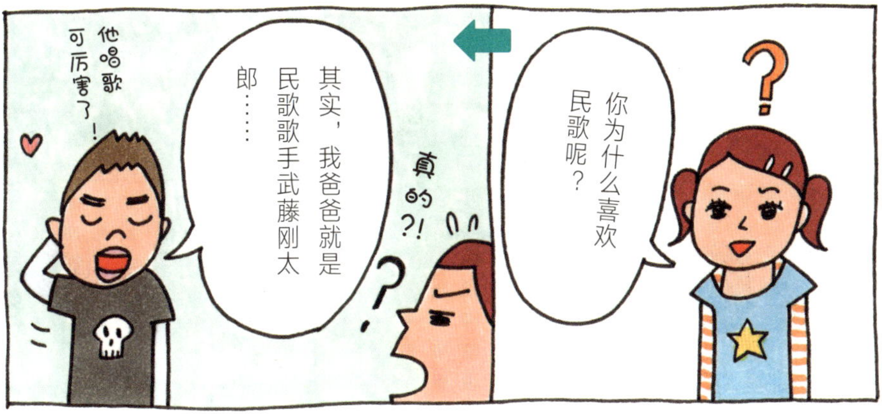
你为什么喜欢民歌呢？
其实，我爸爸就是民歌歌手武藤刚太郎……
真的?!
他唱歌可厉害了！

表达自己的看法

把自己的看法讲清楚。“因为……所以我才这么想。”说出理由，对方更容易接受。

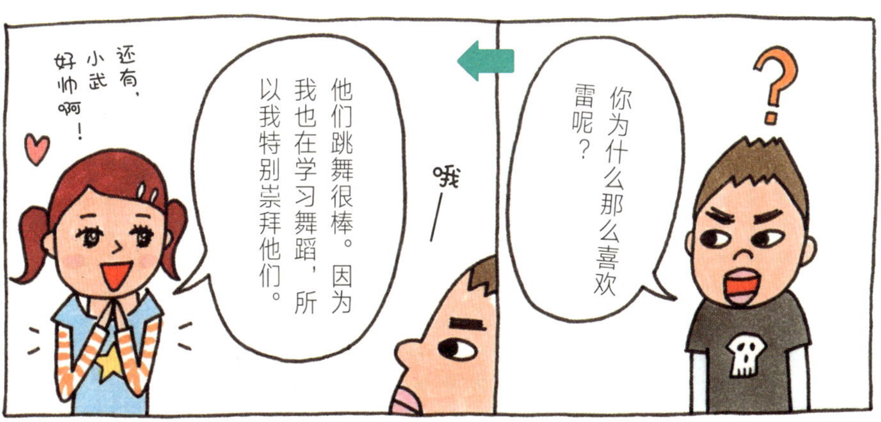
你为什么那么喜欢雷呢？
他们跳舞很棒。因为我也在学习舞蹈，所以我特别崇拜他们。
哦——
还有，小武好帅啊！

这种时候怎么说？——讲述对方不知道的事

小花走在去杏奈家的路上
我亲手做的曲奇，杏奈一定会喜欢。
啊！弥生？
她在干吗？
牙科诊所
鬼鬼祟祟
诊所
啊！
弥生？这打扮！
诊所
弥，弥生！
啊！她跑了！
哒哒哒！
刚才！之前，不，就刚刚！
弥生！另一个弥生！
吓我一跳！
我做了曲奇。
你在说什么呀？

说话讲究顺序

如果你要讲的事对方完全不了解，记得按照“什么时候”“在哪里”“谁”“发生了什么”的顺序说。

刚才，在来的路上，
在牙科诊所那根电线杆旁边，
我看见弥生了，
打扮得特别时尚！
嗯！
嗯！
啊？！

说得尽量详细

试着描述“颜色”“形状”“大小”等细节。数字和比喻会让对方听得更明白。

她穿着豹纹的衣服，卷发上插着一朵粉色的花！
啊——
还挺好看的呢。
是吗？

不方便用语言表达的时候——写给对方吧

又在看奇怪的书！你真是阴暗又可怕！
你不会是个妖怪吧？
憋火
太过分了……
什么？
你什么意思！
太志……
等等，你……怎么说呢，我觉得你说得有点过头了……
呜呜——
多管闲事！长着一张茄子脸！你一定是喜欢弥生吧？胖子！
太过分了……
我最讨厌茄子了……
他怎么可以那样说我……为什么刚介总是那样……
真过分……
心里不爽
我要大吃一顿！

有的话，面对面说不出；有的感受，想重新表达一次。这种时候，可以写信给对方哦。

想与朋友和好的时候

嘴上说不出的话，往往可以坦诚地写出来。对方可以慢慢读，更能懂你的意思。

鞋柜里居然有信……
太志：
是我太过分了，对不起。
刚介
啊？
弥生：
对不起，我不该那样说你。
其实你一点都不奇怪！
刚介

想鼓励朋友的时候

把鼓励的话写下来给他吧。

谢谢啦！
这是大家给你写的寄语，你一定要快快好起来哦！
太志加油
出院了我们一起玩哦！
小辉
快点好起来！那天谢谢你！
弥生
回头再一起玩！等你哦！
小诚
Fight！别吃太多啦！
健太
希望你早点恢复！
小花
那天对不起！
刚介
↑因暴饮暴食住院

使用动作和手势

说话时使用动作和手势，可以让对方更容易理解你的意思。

就像这样，我猛地发力挥棒。
可惜没打到球。如果打到了，肯定是全垒打。
这一下的确很有力。

在大家面前说话时，如果动作和手势用得好，就能吸引更多人的注意。

我去看了『不可思议的宇宙』展，展览内容非常丰富，很有意思。
听起来也没那么有趣。
哦……
我去看了『不可思议的宇宙』展，哇！展览内容非常丰富，真的超有意思！
哈哈——
真的？我也想去。

如果说话时一动不动，对方体会不到你的感受。

如果加上了动作和手势，对方更容易体会到你的感受。

各种各样的动作和手势

大

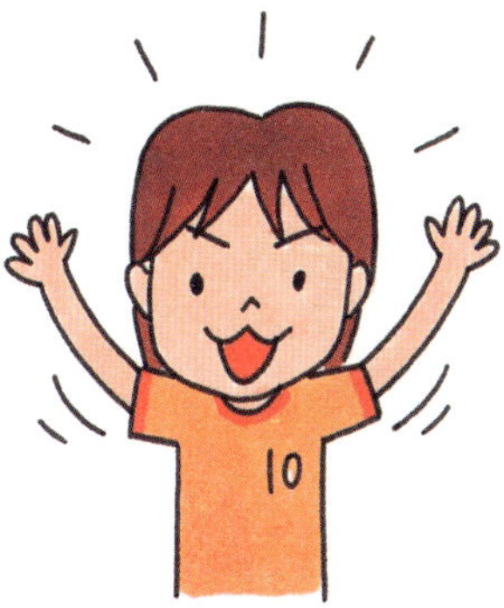

小

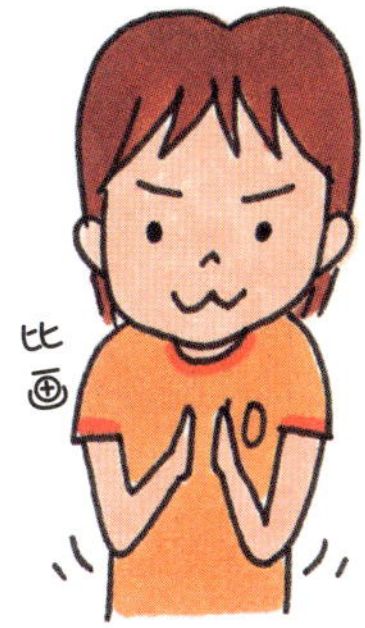
比画

吃惊

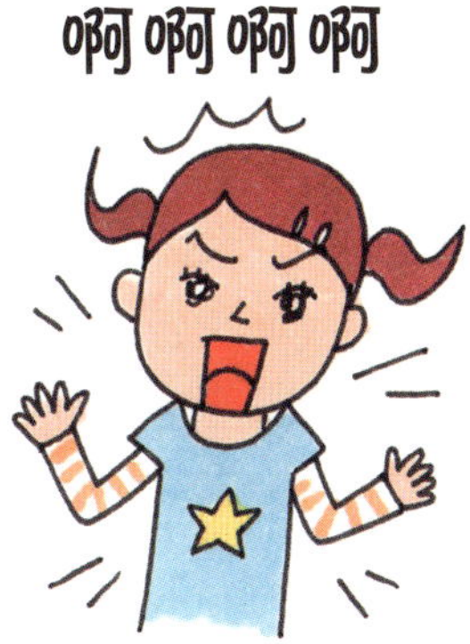
啊啊啊啊

安静点

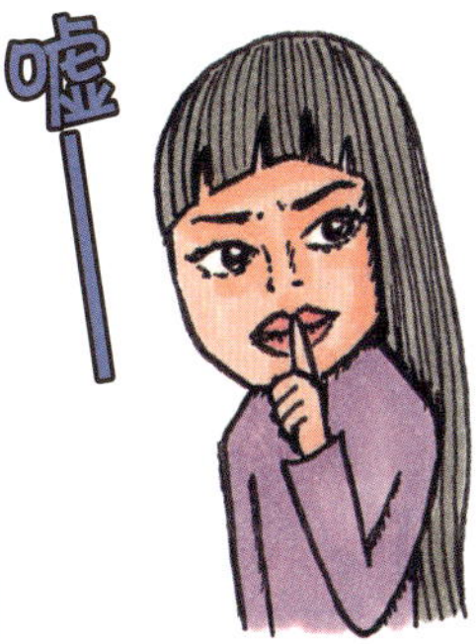
嘘

求你了

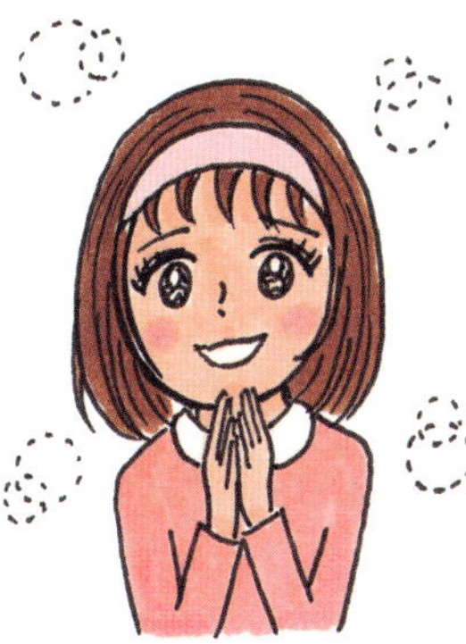

为难

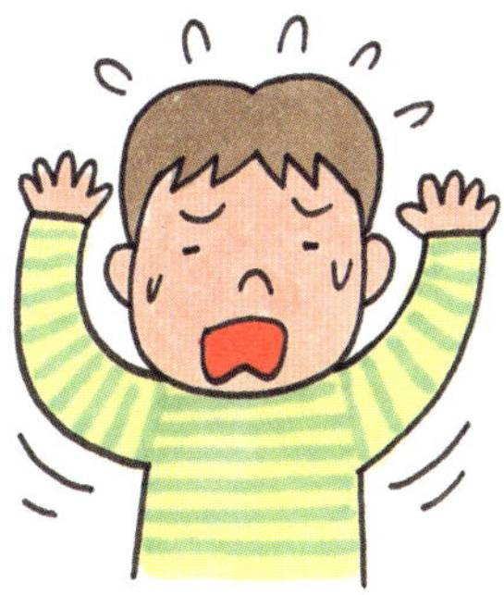

太棒了

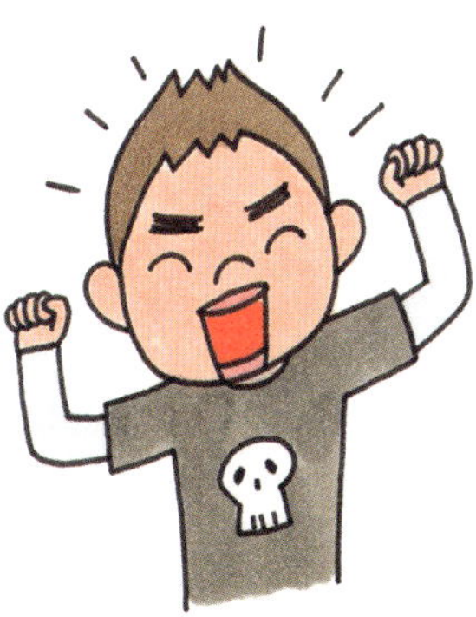

不安

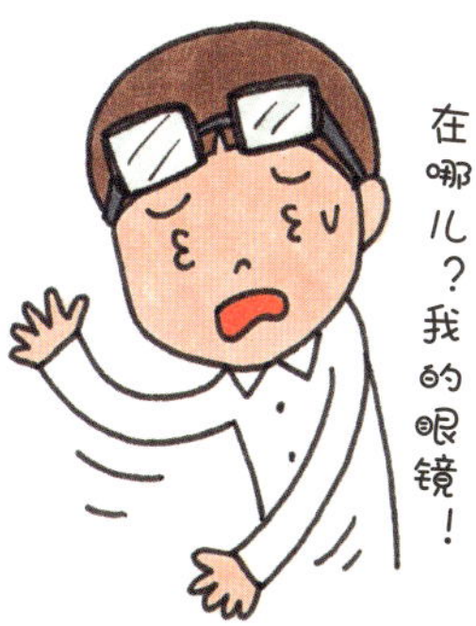
在哪儿？我的眼镜！

紧张

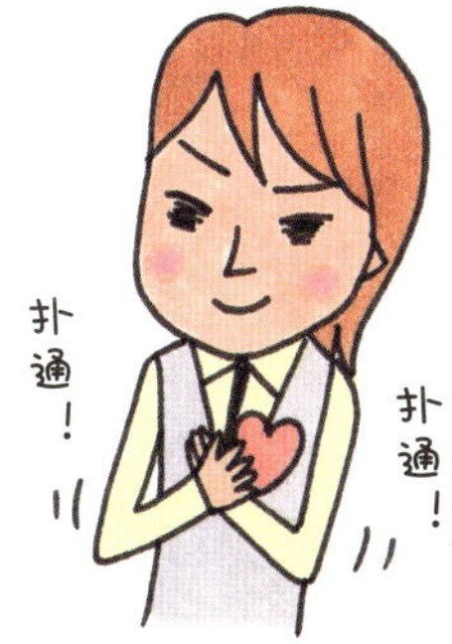
扑通！
扑通！

勾选　你用哪种方式

A

下一个你上！

□ 命令对方

就是这样的！

□ 只顾着说自己的

哼！

□ 不听别人的想法

B

哪个好呢？
谁帮我选选……

□ 自己不会做决定

嗯……
这个……

□ 讲不出自己的想法

我听你的！

□ 附和别人的意见

C

我就是我呀！

□ 忠于自己的内心

我是这么
认为的！

□ 能清晰地表达自己的想法

你说的也对！

□ 尊重对方的意见

和朋友说话？

A 项多的人
请前往
第 148 页

□ 否定对方的意见

不对！

□ 不满意就发脾气

这是怎么回事？

B 项多的人
请前往
第 149 页

□ 不太会聊天

我倒是更喜欢
和兔子说话

□ 不乐意也忍着

我要大吃一顿！

C 项多的人
请前往
第 150 页

□ 喜欢和人交谈

哈哈，
真有意思！

□ 不如意时，想办法解决

他的想法
是出于什么
考虑呢？

A 项多——霸道型的刚介

打棒球吧！
昨天打了棒球，今天踢足球吧。
什么？
必须打棒球！你们有意见吗？
那好吧……

自己很满意

自己很开心
嘿嘿，我最喜欢打棒球了！让你们瞧瞧我的厉害！
今天也要打个全垒打！

可是，也许对方并不乐意

是啊……
那个家伙太自私了！
怒
怒
怒
怒
对方很生气

请前往第 151 页

B 项多——忍受型的太志

这次合唱比赛，你能不能代替我做指挥？
我，我指挥？！
不……那个……
我的天，怎么办……
慌
乱
你没问题的！
拜托了！
我不想做……
好，好吧……

对方很满意

对方很开心
啦啦啦啦！
太好了，换人成功！

可是，自己却不乐意

我肯定不行……我为什么不直接拒绝……
自己很难受

请前往第 151 页

c 项多——双赢型的小辉

你怎么那么喜欢耍酷？穿得那么讲究干吗？
看来他不懂！
真的？
因为我想成为时尚设计师！你的T恤也很酷呀！
请叫我时尚达人！

表达了自己的感受

自己很开心
刚介了解了我对时尚的热爱！

而且，对方也不感到难受

『时尚』还挺有意思的嘛。
对方也欣然接受
明天穿这个试试！

请前往第 151 页 ➡

采取正确的表达方式，爱护自己，也爱护对方

自己的想法和别人的不同是常有的事。重要的是，既要真实地表达自己的想法，也要认真地听取对方的意见。这样一来，你们才能清楚地了解彼此。

和自己做朋友，和大家做朋友

在“心”的世界里探险，感觉如何？

当你烦恼、迷茫的时候，停下脚步，面对自己的内心吧。

只要能和自己做朋友，你也一定能和小伙伴们愉快相处的。

阿心会一直为你加油的！

illustration：Mioki Fuji

版权合同登记　图字：19-2019-209号

图书在版编目（CIP）数据

学校学不到的成长课. 这样才能交到好朋友 / （日）株式会社旺文社著；王新译. — 广州：新世纪出版社, 2019.12（2020.5重印）

ISBN 978-7-5583-0035-6

Ⅰ. ①学…　Ⅱ. ①株…　②王…　Ⅲ. ①人际关系－能力培养－少儿读物　Ⅳ. ①G775

中国版本图书馆CIP数据核字（2019）第272483号

学校学不到的成长课·这样才能交到好朋友

Xuexiao Xuebudao de Chengzhangke · Zheyang Caineng Jiaodao Haopengyou

出 版 人：姚丹林

责任编辑：秦文剑　刘梦瑶

责任技编：王　维

出版发行：新世纪出版社

（广州市大沙头四马路10号）

经　　销：全国新华书店

印　　刷：北京盛通印刷股份有限公司

规　　格：880mm × 1230mm　　开　　本：32开

印　　张：4.75　　字　　数：60千

版　　次：2019年12月第1版　　印　　次：2020年5月第4次印刷

定　　价：32.50元

质量监督电话：020-83797655　购书咨询电话：020-83781537